# PROJET

# D'IMPOT UNIQUE, UNIVERSEL

## SUR LA CIRCULATION

## DE LA FORTUNE PUBLIQUE.

## PRÉLIMINAIRES.

Cet impôt est PROPORTIONNEL, INDIRECT et IMPERSONNEL; il n'est établi ni sur le capital ni sur le revenu des individus à tel moment donné. Il est basé sur la circulation inévitable qui se fait de tout revenu ou de tout capital que les citoyens dépensent pour subvenir, soit à leurs besoins, soit à leurs fantaisies. Il frappe *proportionnellement* la dépense et non l'avoir du citoyen. Peu importe qu'il s'agisse d'un individu riche ou pauvre. Une somme de cent francs *circule;* elle est atteinte proportionnellement au taux de l'impôt. Dans le cas où l'impôt serait fixé à un *centième,* les cent francs produiraient *un* franc au Trésor, et cela sans que le Trésor s'inquiétât de la position *personnelle* de celui qui met cette somme en circulation; c'est pourquoi cet impôt est dit *impersonnel :*

Exemple : Un citoyen achète une caisse de vin de première qualité au prix de 200 fr.; l'impôt produira deux francs. Un autre individu achète une caisse de vin ordinaire à 25 centimes la bouteille, soit vingt francs; l'impôt produira 20 centimes. Ainsi il y a *proportionnalité*. L'État ne s'informe pas si ces vins de premier choix sont achetés par un riche ou par un homme pauvre qui s'endette et dépense en un jour ce qui le ferait vivre plusieurs mois, les citoyens conservent leur libre arbitre et l'inviolabilité de la vie privée. L'État est moral en s'abstenant de toute inquisition à cet égard; il n'établit pas une cote personnelle du pauvre et du riche, telle que la nécessiterait l'application de l'impôt progressif. Cette limitation est humiliante. L'État fait les citoyens égaux en les soumettant également à l'impôt. Il ne doit pas dire : « un tel est pauvre, il ne paiera rien;—ou bien, un tel est riche, il paiera pour le pauvre. » Ce serait établir deux castes : l'une protectrice, l'autre protégée; ce serait légaliser la misère. L'impôt *progressif*, tel qu'il a été compris jusqu'à ce jour, aurait pour résultat d'introduire dans la loi une inégalité qu'elle doit au contraire proscrire.

L'impersonnalité de l'impôt en question ne frappe l'argent que sur sa quotité : si un ouvrier veut acheter des vêtemens de luxe, libre à lui. Il paiera autant que le riche; et si le riche n'achète que des produits de dernière qualité, il ne paiera pas plus à l'impôt que le pauvre. Là est précisément la noblesse de cet impôt impersonnel n'attaquant que la circulation. Le travailleur modeste, qui satisfait à ses dépenses et à ses plaisirs, se rend moralement l'égal des plus riches citoyens ; il pense et peut dire à l'homme le plus opulent : Je suis votre égal ; je paie autant que vous à l'État, car je suis saisi proportionnellement à la part de fortune que je mets en circulation. De plus il est moralement au-dessus du riche avare qui cache sa fortune, se prive de toute jouissance innocente et nuit à son pays en n'activant pas la circulation selon ses facultés pécuniaires ; là apparaît en même temps la moralité de l'impôt impersonnel et indirect.

L'État est dans l'impossibilité complète de saisir l'argent qui se cache ; c'est un fait. Ainsi, un citoyen enterre cent mille francs dans un champ ou les scelle dans un coffre, l'État est impuissant à découvrir ce capital. En essayant d'y parvenir il se ferait inique, inquisitorial et doublerait le nombre des avares ; c'est là un des obstacles qui semblent s'opposer à l'assiette de l'impôt sur le capital (1). La circulation de la for-

(1) L'impôt sur le capital aurait le premier tort d'être inquisitorial, de mettre à nu la position pécuniaire de chaque citoyen ; le second, plus funeste encore, de vouloir frapper annuellement de précieux objets d'art et de luxe, dont tout le revenu se résume en une pure jouissance de l'esprit ou des yeux ; ce serait une espèce de rançon honteuse prélevée sur les idées généreuses qui seules vivifient les arts et l'industrie. — Ce serait, en un mot, porter un coup mortel au commerce.

tune publique peut seule être atteinte dans la plupart des transactions pécuniaires sans offenser les citoyens. Il faut remarquer que si l'avare ne dépense pas, il ne jouit pas moralement; car sa jouissance est immorale. Cet argent caché n'échappe que momentanément à l'impôt, c'est-à-dire, à la circulation. En effet l'impôt atteindra plus tard cet argent à l'époque des successions.

Comme cet impôt ne frappe que la circulation par l'intermédiaire des PATENTÉS et sur le vu des LIVRES OFFICIELS des débitants, commerçants et industriels, c'est *le consommateur* qui, de fait, est atteint dans son capital et son revenu, mais indirectement; de là, le qualificatif : *impôt indirect.*

Le taux étant fixé annuellement par la loi, et supposant ce taux d'un *centième*, tout patenté augmentera d'un centième le prix de l'objet à vendre. De cette manière, le consommateur est atteint, riche ou pauvre, proportionnellement à l'argent qu'il a mis en circulation. Celui qui n'a satisfait qu'à l'indispensable, est imposé proportionnellement à cet indispensable ; celui qui y joint le superflu, est imposé proportionnellement à l'indispensable et au superflu.

Le PATENTÉ n'est que le représentant du Trésor national. Il ne lui sera demandé que ce qu'il aura reçu en plus du prix de l'objet, tel qu'il eût été avant l'impôt.

Les douanes, les octrois sont remplacés par les patentés qui bénéficient eux-mêmes de la diminution des frais de perception et de régie. Le paiement de l'impôt se trouve, pour le consommateur, confondu avec le prix de l'objet. Cet impôt n'apparaît pas sous la forme vexatoire des contributions *directes* personnelles, ou des portes et fenêtres, ou de la dîme sur le capital ou sur le revenu déclaré annuellement. Il est, au contraire, indirect, impersonnel, et toujours proportionnel à la part de bien-être que se procure chaque particulier. Il est un dans son principe puisque le même taux se retrouve partout et sur les objets de première nécessité, comme sur les articles de luxe. Plus la somme qui représente la circulation du numéraire sera élevée, plus l'impôt sera léger individuellement. L'intérêt particulier se trouve ici en harmonie avec l'intérêt public ; la richesse commerciale révèlera toujours un abaissement dans le taux de l'impôt.

*Exemple* : Si le budget de l'État doit être d'un milliard, et si d'après la statistique officielle et par les moyens dont il sera parlé plus loin, la somme mise en circulation est de cent milliards, la loi fixera le taux à un centième sur l'année à venir. Si la circulation a été de deux cents milliards, le taux s'abaissera à un *deux centième*. Mais, dans le cas où le chiffre constatant la circulation de la fortune ne serait que de cinquante milliards, le taux s'élèvera à un *cinquantième*. Ainsi l'impôt devient en même temps le mètre réel de la richesse publique et du bien-être social, tandis qu'aujourd'hui il ne trahit que le malaise général (1).

La question des dépenses nationales, au budget de l'État, occupera seul le législateur dont le but est de ramener à leur plus simple expression les frais d'administration de la chose publique.

La diminution du taux de l'impôt n'a aucun rapport avec l'impôt qui reste le même, car il consiste dans le milliard reconnu nécessaire (par hypothèse).

Cet impôt est UNIQUE malgré la diversité des moyens qui sont employés pour le saisir. Ces moyens n'ont aucun caractère inquisitorial ; ils ne préjugent nullement l'avoir réel des individus.

Il suffira que les patentés déclarent annuellement, à une époque déterminée par la loi, le chiffre de leur vente : ce qui n'implique nullement le chiffre opposé des sommes dues et par conséquent ne révèle en rien la position de fortune des patentés ; en effet cette déclaration officielle du patenté n'ayant à constater ex-

(1) Aujourd'hui l'impôt ne constitue pas une dépense qui profite proportionnellement à qui le paie, car plus les contribuables donnent à l'impôt, plus ils ont à se plaindre ; exemple : la taxe des lettres, les droits sur les sels, les tabacs, la poudre, les passeports, les patentes, la presse, etc.

Au contraire, dans le système d'impôt unique que nous proposons, plus un individu aura payé à l'impôt, plus il aura réellement profité du bien-être social.

clusivement que le mouvement et le *quantum* de sa vente, ne saurait apporter aucune lumière, même indirecte, sur ce qu'il pourrait posséder en dehors de son commerce, soit en terres, en maisons, en actions de chemin de fer, en rentes, etc.

Comme le taux annuel reposera sur le chiffre total des déclarations de tous les patentés, l'Etat devra, pendant les premières années de la mise en pratique de cet impôt, élever un peu le taux proportionnel, dans la crainte d'être en déficit de recettes. Du reste, si la recette est inférieure au chiffre des dépenses, l'Etat a crédit pour un an. Il élèvera le taux d'autant, l'année suivante.

Si la recette est supérieure aux dépenses (ce qui est probable, en considérant que les impôts équitablement répartis facilitent le commerce), l'Etat diminuera d'autant le taux proportionnel.

Il convient de terminer ces préliminaires par quelques réflexions sur les mots *riche* et *pauvre* employés dans cet écrit, pour répondre aux exigences du langage actuel. Il est réel que le riche et le pauvre existent aujourd'hui côte à côte; mais ils ne seront pas plus éternels sans doute que le *noble* et le *vilain*.

Il y aura bientôt riche et moins riche. Le pauvre n'est pas plus la monnaie du riche que le vide n'est l'élément du plein. Aujourd'hui la pauvreté est une plaie pour la société; c'est un fait. Or, le riche fait partie de la société, donc le riche souffre de la pauvreté.

Ainsi le pauvre n'est pas le complément du riche ; la pauvreté engendre la misère, les privations, la haine, l'infraternité et par conséquent les crimes ; et ces crimes ne frappent généralement que ceux qui possèdent, donc l'aumône légalisée n'est autre que l'entretien de la misère et des crimes.

Il y aura toujours, par suite de la hiérarchie divine des intelligences et des corps, une hiérarchie mouvante de la fortune publique ; mais le pauvre, c'est-à-dire l'homme privé de tout, ne fait pas partie de la hiérarchie de la fortune : il la fausse.

Un jour, la statistique sociale ne comptera que des riches et des moins riches, c'est-à-dire qu'à cette époque il y aura fortune opulente, — fortune intermédiaire, aisance modeste, — revenu suffisant. Et cela, sans tenir compte si ce revenu est le fruit du travail actuel ou du travail passé ; tout revenu ou capital qui n'est pas le prix d'une mauvaise action est acquis innocemment.

Comme le travail est la noblesse de l'homme et non un châtiment, les professions sont égales devant la loi politique qui protége l'exercice de toutes les industries, — devant la loi morale qui soumet indivisément les citoyens aux mêmes devoirs sociaux, — enfin devant la loi d'urbanité qui rend faciles les divers rapports des citoyens entre eux.

Quant au moyen pratique de l'extinction du paupérisme, il réside dans l'application des principes que nous développerons ailleurs, d'une manière large et complète ; car la question spéciale de l'impôt veut être traitée dans son ensemble moral avec la politique, afin d'être mise en harmonie avec l'ère nouvelle inaugurée en 1848 par la proclamation du gouvernement libéral de la République.

Nous nous bornerons aujourd'hui à faire un exposé très-sommaire de la théorie de l'impôt unique, proportionnel, indirect, impersonnel, tel que nous l'entendons, et à démontrer surtout combien l'application d'un pareil impôt serait facile.

# THÉORIE ET APPLICATION.

## Légalisation des livres de commerce.

L'application de l'impôt proportionnel sur la circulation de la fortune publique repose tout entière sur le principe moral qui a servi de base à la rédaction des articles 8, 9, 11, 12 du Code de commerce, lesquels imposent au commerçant l'obligation de tenir ses livres en règle. Les livres du commerçant ou patenté peuvent être légalisés ; ils porteront la signature du vérificateur de l'impôt.

L'État assure aux patentés, par ces mêmes articles du code, la rentrée de leurs fonds. Il est juste qu'en échange de la force prêtée par la société aux livres du commerçant, la société puisse au besoin s'en prévaloir pour assurer l'application d'un service public national. — Sous la loi morale, l'intérêt particulier est constamment en harmonie avec l'intérêt public.

Les deux mots *légal* et *légalisé* ne sont pas synonymes ; ce qui est légal est sous la loi ; ce qui est légalisé, c'est la loi même. En d'autres termes, ce qui est *légal* est désarmé, ce qui est *légalisé* est armé.

## Les patentés et les in-patentés.

L'État, pour régulariser complétement ce qui n'est aujourd'hui régulier qu'en partie, exigera que tout citoyen se livrant à un commerce journalier soit pourvu d'une *patente*. Cette patente, complément de l'authenticité accordée aux registres du commerçant, ou débitant, ou industriel, ou fabricant, légalisera explicitement les livres et la signature du patenté. Seront compris parmi les patentés, les notaires, les agents de change, les avoués, les huissiers, les directeurs de théâtres, de messageries, de roulage, de transports par terre, par eau ; les directeurs de journaux, les chefs d'associations commerciales, enfin tous les industriels, débitants, commerçants et fabricants ; cette patente sera délivrée *gratuitement* à toutes les municipalités et renouvelée chaque année. Elle portera le libellé imprimé de la déclaration annuelle du patenté, sauf le chiffre à remplir.

Ainsi il y aura, dans la nation, eu égard à l'impôt, deux catégories bien distinctes : les *patentés* et les *in-patentés*. Ces derniers qui du reste paieront l'impôt proportionnellement comme les patentés sont les propriétaires, les rentiers (1), les artistes, les artisans, les

(1) Comment vouloir imposer spécialement les rentiers ? ce serait d'abord frapper exceptionnellement une nature de revenu. Les rentiers ne paient-ils pas proportionnelle-

ouvriers, bref tous les travailleurs qui ne tiennent aucun établissement de commerce, de débit ou de fabrication.

En faisant cette distinction, l'État ne s'appuie que sur ce qui existe inévitablement dans toute agglomération d'hommes vivant à l'état de société ; il se fait une arme de choses rationnelles ; il utilise moralement et politiquement les ressources naturelles que la société lui offre ; de plus il ne viole aucun usage ; car, de leur propre volonté, les patentés se mettent pour ainsi dire au pouvoir discrétionnaire de tout acheteur qui entre, sort et commande. Ils ont implicitement renoncé au secret, tandis que tout agent du fisc qui se permettrait de pénétrer chez un particulier pour inspecter ses meubles, ses livres, son intérieur, commettrait une violation du domicile. D'ailleurs le commerçant, le fabricant, l'industriel, sont tour à tour patentés, ou in-patentés. Le citoyen jusqu'à l'âge où il peut s'occuper de commerce est in-patenté : mais, une fois dans les affaires, il ne fait que travailler à redevenir un jour in-patenté, à prendre enfin sa retraite.

L'Etat trouve inutile d'assujettir à la patente et à la

ment l'impôt, lorsqu'ils dépensent leurs rentes ; mais ensuite ils ne sauraient être assimilables en rien aux patentés ; car, si le commerçant paie l'impôt, il l'a reçu préalablement du consommateur, tandis que le rentier subirait ce même impôt sur son propre revenu, et serait ainsi frappé deux fois, directement et personnellement.

tenue régulière des registres les artistes, les artisans, les ouvriers, les propriétaires, les rentiers, les médecins, les avocats; il suffit que la circulation soit saisie. Or, tout argent dépensé se retrouve inévitablement sur le registre du débitant, du commerçant, de l'industriel, du fabricant, du notaire, de l'avoué, de l'agent de change, du directeur de théâtre, de journaux, de chemins de fer, enfin de tout établissement *patent* d'industrie quelconque. Donc, en saisissant sur les livres de ces patentés la circulation, on a atteint *indirectement* et inévitablement la généralité des consommateurs.

### Emploi du timbre.

L'argent circule encore par les acquisitions de maisons ou de terres, par l'acquit des loyers ou fermages, par les échanges de biens fonciers, par les prêts hypothécaires, comme à l'époque de l'ouverture des successions ou donations. C'est pour saisir l'argent dans toutes ces phases de circulation que l'État utilisera le timbre, exemple :

Les maisons, les terres se vendent par-devant notaire : c'est le notaire qui sera l'exécuteur du fisc. Toute vente, toute donation, *pour être valable légalement,* devra être inscrite sur papier timbré au taux proportionnel de l'impôt annuel. Ainsi, dans l'hypothèse du taux d'un *centième,* une maison vendue 10,000 francs nécessitera un timbre de 100 francs.

Cet impôt semble lourd ; cependant aujourd'hui l'État prélève 6 p. 0/0 sur la vente, c'est-à-dire plus du vingtième, dans le cas ci-dessus : 500 francs.

Le notaire prélèvera les 100 francs sur le vendeur, par ce que l'État prend l'argent partout où il est.

L'impôt proportionnel ne frappe jamais que la recette, c'est-à-dire la vente. Peu importe que le vendeur ait bénéficié plus ou moins.

Un marchand de meubles a vendu pour 10,000 francs. Il peut avoir fait un bénéfice de 1,000 francs ou se trouver en perte d'une somme égale, ou même devoir plus qu'il ne possède. L'État n'entre en rien dans le secret de la position de ce patenté. Voici ce qu'il lui dit : « Vous avez reçu 10,000 francs ; l'impôt était d'un centième; vous deviez le prélever sur le consommateur. Je ne réclame rien qui vous soit personnel, rien sur votre bénéfice. Ce bénéfice reste le même avant comme après l'impôt qui pèse avec la plus parfaite égalité sur la concurrence universelle. Sur ces 10,000 francs reçus par vous en une ou plusieurs fois, vous avez dû porter en colonne, à côté de votre recette, le centième prévu ; tous vos concitoyens sont soumis à la même dîme ; vous n'avez plus d'ailleurs d'autres impôts à payer ; plus de douanes, d'octrois, de contributions indirectes ; vous n'êtes ici que dépositaire officiel et patenté. Votre déclaration à la fin de l'année viendra compléter la preuve de votre paiement d'impôt intégral; le vérificateur de l'impôt apposera son timbre uniquement sur votre article : *vente,* après en avoir confronté sur ses registres le total avec vos divers versements partiels. » Ainsi pourrait parler l'État. En exigeant que le commerçant tienne régulièrement ses registres, il ne fait que lui ouvrir les voies de la sincérité, de la probité : l'État moralise le commerce.

La loi déclarera que tout livre de commerce, non revêtu du timbre du vérificateur de l'impôt à l'article *vente*, ne sera pas valable en justice. Or, quel patenté voudrait s'exposer à perdre ainsi le bénéfice attaché à la légalisation de toutes ses opérations commerciales )?

Quant aux prêts hypothécaires, ils seront également

(2) Voudra-t-on maintenant nous objecter que les commerçants, liés solidairement entre eux, pourraient éluder l'action du fisc par une déclaration inférieure au chiffre de leurs ventes?

Où serait d'abord l'avantage pour eux d'une pareille fraude, si peu supposable? Ce tort fait aux caisses de l'État n'aurait-il pas le résultat inévitable de faire élever alors d'autant le taux de l'impôt, car il faut bien à tout prix, que l'état fasse équilibrer ses rentrées avec ses dépenses.

Ensuite, quels commerçants honnêtes ne souffrant pas d'ailleurs personnellement de l'impôt, puisqu'en réalité le consommateur seul le supporte, oseraient encourir les tristes chances d'une poursuite judiciaire en matière d'impôt, pour violation de la confiance que l'État avait placée en eux comme simples constatateurs de l'impôt.

En termes plus positifs, ce commerçant prévaricateur volerait tout à la fois le consommateur et l'État.

soumis au timbre proportionnel. Un prêt de 20,000 francs donnera au Trésor 200 francs; aujourd'hui l'impôt est plus lourd, d'ailleurs il sera proportionnel.

L'enregistrement continuera d'exister non plus comme instrument fiscal, mais à titre d'administration d'ordre. Le timbre ne sera qu'un moyen de perception de l'impôt.

Les baux pour fermages de terre seront faits sur feuille de timbre au taux proportionnel du prix de la location annuelle. Quant aux loyers de maisons, voici comment l'impôt atteindra *indirectement* le locataire : la loi déclarera que les quittances ne seront valables que sur papier timbré au taux proportionnel. Ainsi, un loyer de 400 francs par an nécessitera une quittance timbrée de 4 francs ; si la quittance est de six mois, elle coûtera 2 francs ; si, de trois mois, 1 franc.

D'après ce système d'impôt unique, il est clair que les propriétés ne sont imposées que du moment qu'elles rapportent un revenu, et proportionnellement même à ce revenu annuel, ou semestriel, ou trimestriel.

Et cependant, ces propriétés foncières ont déjà payé leur part d'impôt au moment de l'achat, de l'échange ou de la succession.

## Des voies et moyens de perception de l'impôt unique.

Les municipalités prendront de l'extension ; il y aura dans chaque mairie (indépendamment des bureaux qui existent aujourd'hui) une division spéciale dite de l'impôt, laquelle se subdivisera en bureaux de *perception*, *d'inspection*, de *déclaration*, de *patentes*, du *timbre*. Peu importe que, dans les petites localités et momentanément, les attributions nécessitent le travail d'un ou de plusieurs bureaux. Il est évident qu'à l'époque actuelle, ces sous-divisions ne seront applicables qu'aux mairies cantonales ou d'arrondissement.

Le travail auquel donnera lieu ce nouveau mode d'impôt, sera réparti dans chaque commune selon les exigences des localités. C'est ici purement l'objet d'un règlement d'administration publique.

## Fertilité de l'impôt sur la circulation (1).

Tout argent dépensé pour la *consommation* se trouvant constaté officiellement sur lés registres du com-

(1) Tout le problème à résoudre par l'État gît dans un mécanisme habile à atteindre, dans des conditions voulues les plus favorables, tout capital ou tout revenu, du moment *qu'il y a déplacement*, et toute question de personne en dehors. Il ne s'agit en effet d'imposer *nommément*, spécialement, ni telles industries, ni tels produits, mais en général toutes personnes et toutes choses, avec la même équité proportionnelle, distributive pour tous et par les mêmes moyens unitaires et moraux, bref, dans un juste équilibre des besoins et des jouissances auxquels satisfait la circulation de la fortune publique.

merce, l'impôt proportionnel pèse sur la circulation. Si l'État ne peut arriver à suivre les fils multiples de cette circulation chaque fois qu'elle a lieu, toujours est-il, qu'à un moment donné, cette circulation est, en définitive, saisie puisque toute dépense est faite tôt ou tard chez un patenté.

Qu'un individu paie de la main à la main un tableau 5,000 francs à un peintre ! Qu'arrivera-t-il ? Ou ces 5,000 francs seront dépensés par l'artiste et viendront figurer immédiatement sur les registres du patenté ; ou cet artiste ne mettra pas son argent en circulation ; alors cette somme se retrouvera plus tard à sa succession. Ainsi tous produits profitent à l'impôt, du moment qu'ils sont échangés.

L'impôt frappe le libre échange sans l'entraver : plus l'échange se multiplie, plus l'impôt devient fertile.

Son impersonnalité est en opposition directe avec le protectionisme et l'inquisition des douanes.

Il est donc réellement en harmonie avec les révélations contemporaines des lois de l'économie politique. Il se base sur la justice et la proportionnalité, tout en respectant le domicile et le secret des familles.

Un seul exemple suffira à démontrer que cet impôt sur la circulation frappe le même produit chaque fois qu'il y a pour lui application d'utilité nouvelle :

Un marchand achète pour 20,000 francs de bois à un propriétaire ; — là, commence l'opération, — ce bois est le revenu de la terre dont le propriétaire a fait l'achat ou dont il a hérité; or, à cette époque, il a payé l'impôt sur le capital brut. Disons plus : indépendamment même de cet impôt qui a déjà frappé sa terre ou son capital, il a dû, pour en venir à se constituer un revenu, payer à ses ouvriers des prix de mains-d'œuvre et des façons. C'est avec ce même argent que les ouvriers se sont habillés, nourris, logés; qu'ils ont ainsi payé l'impôt représentatif des dépenses de mise en valeur de la propriété (1). Et maintenant les 20,000 francs que le propriétaire a reçus, ou il les dépensera, et alors ils seront saisis chez les patentés, ou il les thésaurisera. Dans ce dernier cas, sa terre ne sera pour lui la source que d'une jouissance momentanément improductive, mais cette somme se retrouvera à sa succession.

En suivant la filière de cette première vente de

(1) Nous parlons ici du grand propriétaire. Faut-il prouver maintenant que ce même impôt atteint et frappe indirectement de la même manière le plus minime cultivateur, propriétaire de terres, de vignes, etc. Celui-ci n'a-t-il pas aussi primitivement payé l'impôt au moment de l'achat de cette terre, de cette vigne ou lors de l'héritage qu'il en a fait? Ensuite, pour arriver à en vendre les produits annuels, n'aura-t-il pas cultivé lui-même ou fait cultiver par des hommes de peine qu'il aura salariés; lui ou ses manouvriers n'auront-ils pas, comme dans l'exemple ci-dessus, dépensé, vécu, conséquemment alimenté, pour leur propre compte, le jeu universel de l'impôt.

bois, nous verrons le marchand leur donner une valeur nouvelle en les mettant à la portée de chacun : il rend ainsi service au consommateur. Il a fallu qu'il en payât le transport, le sciage, le débit, l'emmagasinage ; supposons une plus-value de 5,000 francs.

En revendant ces bois au menuisier il a pensé au *centième*, soit 250 francs que l'État lui demandera; sa facture sera de 25,250 francs, dont 250 d'impôt au compte de l'acheteur.

L'écriture suivante figurera sur ses livres :

Vendu, ce jour, à A.. menuisier (tant de

$$\text{bois)} \dots \dots \dots \quad 25,250 \quad \begin{array}{c} \text{impôt 1 0/0.} \\ \hline 250 \text{ fr.} \end{array}$$

A son tour, le menuisier en façonnant ces mêmes bois, soit pour l'industrie du bâtiment, soit pour la confection de meubles ajoute infiniment à leur valeur première. Supposons que ces 25,000 francs donnent naissance à des travaux de fabrication, se traduisant à son actif, par une plus-value définitive de 15,000 francs,

On lira sur ses livres la déclaration suivante (formulée ici abréviativement) :

$$\text{Vendu à A* \quad à B* \quad à C*} \quad \begin{array}{c} \text{impôt 1 0/0} \\ \hline \end{array}$$
$$\text{au total} \dots \dots \quad 40,000 \quad \begin{array}{cc} 400 & » \end{array}$$

Ce sont A, B, C, propriétaires de maisons ou marchands de meubles, qui auront payé, en réalité, divisément, ces 400 francs d'impôt.

Supposons enfin que ces meubles ainsi confectionnés aient acquis, à raison des charges, éventualités ou autres chances défavorables du commerce, chez les marchands de meubles, une plus-value naturelle et dernière de 10,000 fr, ;—total 50,000 fr. : le jour de leurs ventes, encore 500 francs d'impôt à percevoir.

En résumé, ces 20,000 francs de bois auront, dans leurs transformations successives, produit à l'État : 1° 250 fr., 2° 400 fr., 3° 500 fr.; total, 1,150 fr.

Ainsi tout service est imposé; le patenté n'est qu'un douanier indirect ; et l'in-patenté, lui, circule au milieu des octrois et des douanes sans barrières visibles.

Ainsi, l'État n'est plus dans la nécessité d'imposer spécialement ni les sels, ni les tabacs, ni la presse, ni la navigation, ni le transport des lettres, ni quoi que ce soit enfin, puisque (nous le répétons) tout service, toute utilité, tout échange, toute circulation se trouvent frappés inévitablement par l'impôt unique (1).

(1) Aujourd'hui les patentés paient aux douanes, aux octrois, aux contributions indirectes, une foule d'impôts, tous préventifs, sous mille appellations diverses ou formes déguisées, qui, bien que fonctionnant isolément les uns des autres, présentent néanmoins le système fiscal le plus compliqué dans ses détails, le plus multiple dans ses rouages. Avec l'impôt unique, universel, qui les résume tous sans exception aucune, qui en est pour ainsi dire la *subli-*

Si le législateur crée chaque jour de nouveaux impôts partiels, tantôt sur le luxe, et tantôt sur les nécessités de la vie, c'est qu'en effet le moment semble venu d'imposer indistinctement toutes choses par l'intermédiaire des patentés, en mettant radicalement en pratique cette vérité mémorable révélée par Franklin au parlement d'Angleterre : « N'imaginez pas » pouvoir faire contribuer les marchands à l'impôt, ils » mettent l'impôt dans leurs factures. »

Le caractère tout particulier de progressivité attachée à l'impôt unique est celui-ci : Progression de taxes frappant un produit, mais chaque fois seulement que ce même produit se métamorphose, progresse, acquiert une utilité et une valeur nouvelles.

Ainsi, dans l'exemple précédent, il est utile de remarquer que les 20,000 francs de bois ont produit, *progressivement* au Trésor, un chiffre d'autant plus

*mation*, d'abord disparaissent tous ces détails infinis et rouages incohérents de perception que nous venons de signaler ; en outre, la position du patenté (pivot de cet impôt) se simplifie, s'améliore ; la condition du consommateur est rendue plus douce ; le rôle de l'État lui-même, sans perdre aucun de ses avantages, devient bien plus équitable, puisque l'impôt unique diminue pour chacun, à mesure que s'élève la fortune publique ; pour tout dire enfin, cet impôt unique, tout en usant des mêmes éléments de patente, de timbre, d'idées de contributions indirectes, offre la grande synthèse unitaire du système fiscal par l'intermédiaire nouveau des communes ou municipalités.

élevé qu'ils ont passé par un plus grand nombre de mains, et sont devenus la source de plus d'utilités.

Cette progressivité inévitable de l'impôt le féconde de même que la division du travail enrichit les peuples.

L'exemple suivant, cité par Algarotti, ne fera que mieux comprendre encore la fertilité d'un impôt basé en partie sur la division du travail.

Une livre de fer brut coûte environ 25 centimes en fabrique. On en fait l'acier ; puis, avec cet acier, on confectionne le petit ressort qui meut le balancier d'une montre.

Chacun de ces ressorts ne pèse qu'un dixième de grain, et quand il est parfait, ce ressort peut se vendre 18 francs. Or, avec une livre de fer on fabrique 80,000 ressorts. Ainsi une matière première, valant 25 centimes, s'élève ici à l'énorme valeur d'un million 440,000 francs qui rendraient en outre, sous des formes multiples, 14,400 francs à l'impôt, tandis qu'aujourd'hui l'impôt, tel qu'il est compris, ne fait qu'entraver le commerce.

Pour conclusion dernière, toutes les sortes d'impôts (de quelque nom qu'on les appelle), impôt *progressif*, impôt *indirect*, impôt sur le *capital*, sur le *revenu*, sur le *luxe*, viennent se résumer dans cet *impôt unique*, proportionnel, indirect, impersonnel, aussi simple que juste, d'une perception facile, se divisant à l'infini, ne frappant jamais deux fois la même utilité, ne s'accroissant qu'avec la plus-value de cette utilité ou valeur première, suivant toujours le travailleur, n'atteignant enfin invariablement que le consommateur.

Bien d'autres exemples nous resteraient à développer; nous les produirons au besoin et répondrons aux objections, plus ou moins graves mais pré    , que cette théorie d'impôt pourra faire naître. Notre but a été, dans ce premier aperçu, de poser les bases d'un principe financier nouveau, faisant de l'impôt même un instrument de moralisation et de bien-être public.

FIN.

# TABLE DES MATIÈRES.




PARIS. — IMPRIMERIE DE H. V. DE SURCY ET Cie,

Rue de Sèvres, 57.